AF389110

(N° 296)   **COLLECTION DE Mᵐᵉ Vᵛᵉ CAÏUS TROLLÉ**

Vente du Mercredi 30 Avril 1913

HOTEL DROUOT — SALLE N° 8

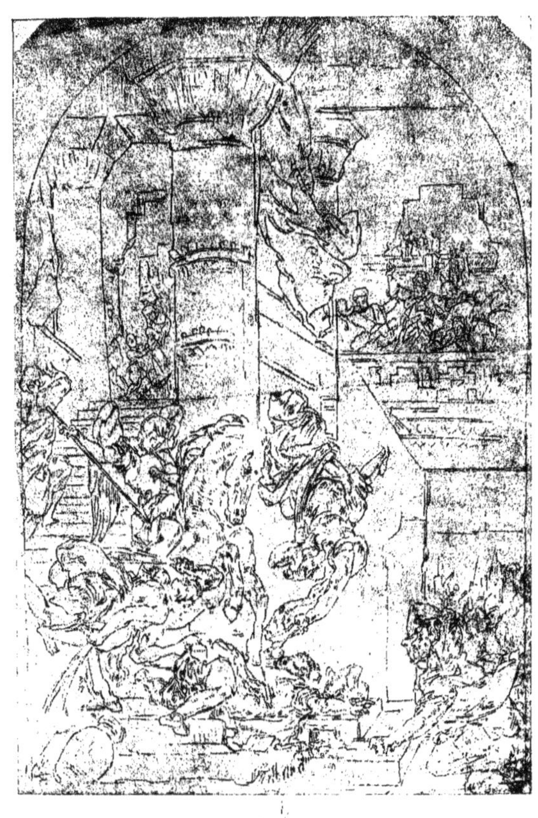

N° 45 du Catalogue.

ŒUVRE
D'EUGENE DELACROIX

ESTAMPES & DESSINS

Mᵉ ANDRÉ COUTURIER   M. LOYS DELTEIL

EXPOSITION PUBLIQUE, HOTEL DROUOT, SALLE N° 8
Le Mardi 29 Avril 1913, de 2 heures à 6 heures.

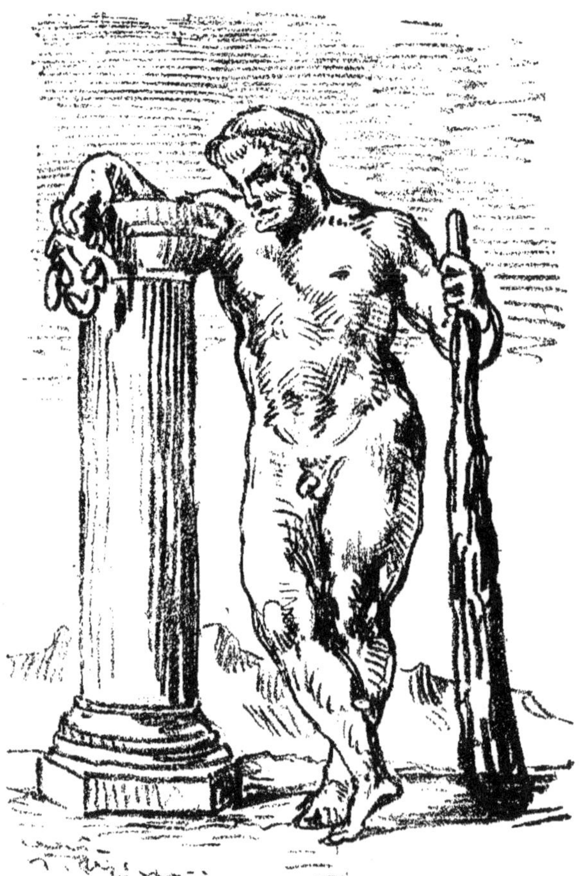

N° 40 du Catalogue.

CATALOGUE

DES

ESTAMPES

ET DES

DESSINS

D'EUGÈNE DELACROIX

Dont la vente aura lieu

à Paris, HOTEL DROUOT, Salle n° 8

Le Mercredi 30 Avril 1913

à 2 heures précises

Par le Ministère de M° ANDRÉ COUTURIER

COMMISSAIRE-PRISEUR

56, Rue de la Victoire

Assisté de M. LOYS DELTEIL, Artiste-Graveur, Expert

2. Rue des Beaux-Arts

CONDITIONS DE LA VENTE

Elle sera faite au comptant.

Les adjudicataires paieront *dix pour cent* en sus des enchères.

M. Loys Delteil remplira les commissions que voudront bien lui confier les amateurs ne pouvant y assister.

MM. les Amateurs pourront visiter la collection, *2, rue des Beaux-Arts*, du Mardi 22 au Lundi 28 Avril 1913, de 2 heures à 5 heures *(le Dimanche excepté)*.

Exposition Publique, Hôtel Drouot, Salle N° 8,
le Mardi 29 Avril 1913, de 2 heures 6 heures

DÉSIGNATION

ESTAMPES

DELACROIX (Œuvre d'Eugène)

1. Scène d'Intérieur ou plus justement « *Que viene el Coco* », d'après Goya (Loys Delteil 7). Très belle épreuve des collections Pierret et Champfleury. LA SEULE CONNUE.

2. Tigre couché à l'entrée de son antre (12). Très belle épreuve.

3. Le Christ au roseau (14). Deux belles épreuves sur chine.

4. Ange agenouillé sur des nuages (15) — Un Seigneur du Temps de François Ier — Un Homme d'armes (17) — Un Forgeron (19). Quatre pièces. Très belles épreuves, *avant la lettre*, sur chine.

5. Juive d'Alger (18). Très belle épreuve du Ier état, sur chine.

6. Arabes d'Oran (20). Très belle épreuve du 2e état (sur 6), sur chine.

7. Etude de Femme vue de dos (21). Très belle épreuve du 2e état (sur 4), *avant la lettre*, sur chine.

100   8. Le Caïd Mohammed-ben-Abou (22). Deux belles épreuves, une du 1er état.

9. Rencontre de cavaliers Maures (23). Très belle épreuve. On y a joint deux exemplaires de tirage moderne, soit trois pièces.

o. Tigre couché dans le désert (24). Deux belles épreuves.

100   11. Lionne déchirant la poitrine d'un arabe (25). Très belle épreuve du 1er état, sur chine.

12. La Consultation (29). Très belle épreuve. Collection A. Barrion.

105   13. Caricatures du *Miroir* (31 à 33, 35 à 38). Sept pièces. Belles épreuves.

14. Doubles du n° précédent. Six pl. (2 *coloriées*).

15. Nègre à cheval (39). Trois belles épreuves.

16. Macbeth consultant les Sorcières (40). Deux belles épreuves.

380   17. Blacas (Duc de) (50). Belle épreuve, avec *croquis originaux à la sépia*, de Delacroix, au verso de l'épreuve.

3. La Fuite du contrebandier (54) — Vercingétorix (90) — Charles Quint au monastère de St Just (92) Le jeune Clifford... (99). Quatre pièces. Belles épreuves.

19. Médailles. Dix pièces.

600   20. *Faust, Tragédie de M. de Gœthe... Ornée d'un Portrait de l'Auteur et de Dix-sept dessins, exécutés sur pierre par M. Eugène Delacroix.* — Paris Motte, 1828. — Bel exempl., cart., avec les planches sur chine (quelques piqûres).

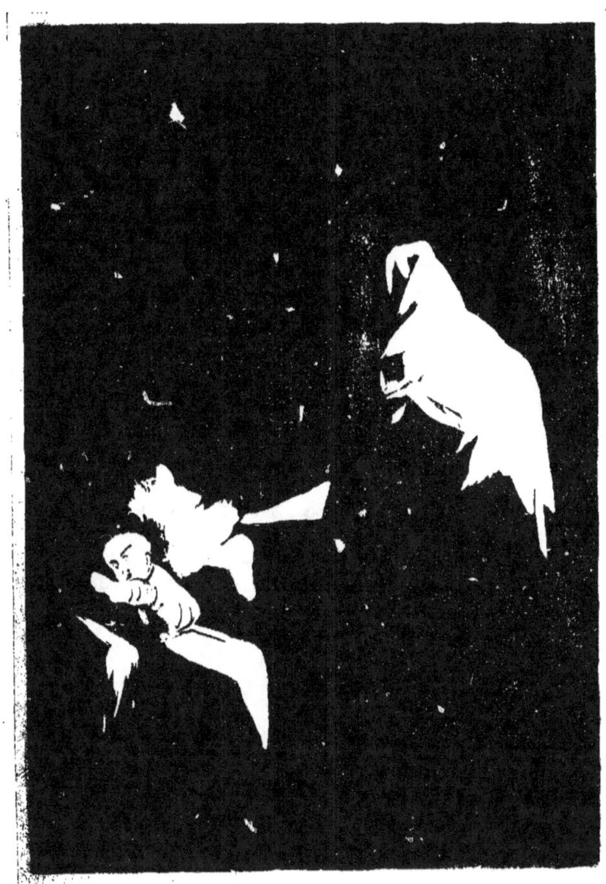

N° 1 du Catalogue.

21. Hamlet contemplant le crâne d'Yorick (75). Très *110*
    belle épreuve sur chine.

22. Jane Shore (76). Très belle épreuve sur chine. *105.*

23. La même pièce en même état.

330. 24. Cheval sauvage (78). Belle épreuve du 1ᵉʳ état, sur chine.

25. La même estampe. Trois belles épreuves tirées avec teinte.

61. 26. Lion de l'Atlas (79). Très belle épreuve sur chine (cassure).

60. 27. La Sœur de Duguesclin — Duguesclin (81-82). Deux pièces. Très belles épreuves *avant* les changements dans la lettre, sur chine.

105. 28. La Fiancée de Lammermoor (83). Très belle épreuve du 1ᵉʳ état, sur chine.

29. Fronte-bœuf et le Juif (85). Deux belles épreuves du 2ᵉ état (sur 3).

30. Steenie ou Regnauldet (88). Belle épreuve, *tirée en sanguine*.

31. Jeune Tigre jouant avec sa mère (91). Très belle épreuve du 1ᵉʳ état.

92. 32. La même estampe, en même état.

33. Costumes de Tanger (94). Très belle épreuve. Rare.

92. 34. Muletiers de Tetuan (96). Belle épreuve du 1ᵉʳ état.

75. 35. Hamlet et Ophélie (107). Très belle et rare épreuve du 1ᵉʳ état.

50. 36. Hamlet et le cadavre de Polonius (113). Belle épreuve du 1ᵉʳ état.

110. 37. Mort d'Hamlet (118). Très belle et très rare épreuve du 1ᵉʳ état, *avant la lettre*.

55. 38. Hamlet (103-118). Suite de 16 pièces, avec couverture. Belles épreuves (de divers tirages).

45. 39. Goetz de Berlichingen (119-122), 4 pl. Belles épreuves. On y a joint un double.

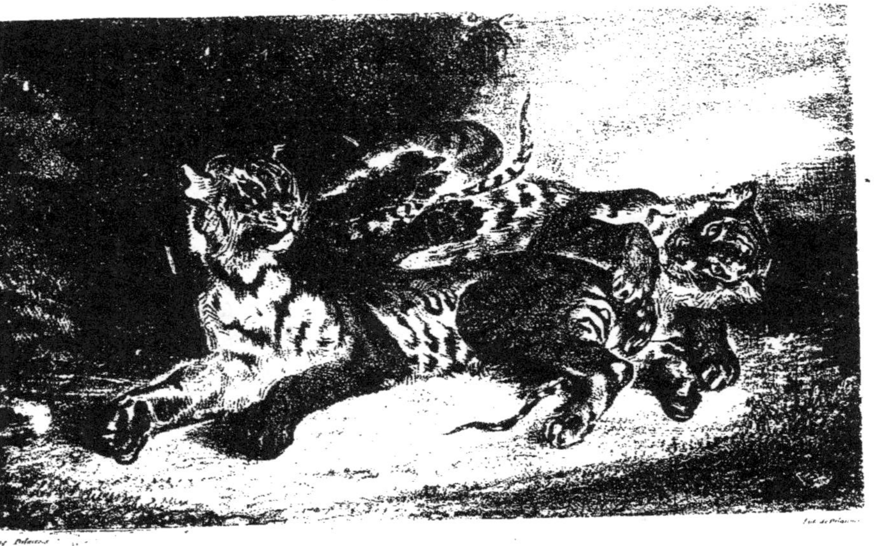

N° 31 du Catalogue.

95 40. Hercule appuyé sur une colonne (127). Très belle
        épreuve. Très rare.

    41. Juive d'Alger — Mort d'Ophélie — Mme Villot —
        Lionne déchirant la poitrine d'un arabe — Tigre
        qui se lèche, etc. Sept pièces.

60. 42. *Fac-similé de dessins et croquis originaux par
        Alfred Robaut* — Paris, Dusacq, 1864 — 2 alb.
        in-fol. cart.

    43. Portraits et Sujets divers, 9 pièces.

    44. Sujets divers, Portraits, Animaux, 140 pl. par
        Sirouy, Masson, Le Roux, Nanteuil, etc.

DESSINS

DELACROIX (Eugène)

51 45. Héliodore chassé du Temple — Lutte de Jacob et
        de l'Ange. Deux dessins à la mine de plomb sur
        papier calque. Timbre de la vente.
                        H. (de chaque dessin) 540 L. 370.

    46. Hercule écorchant le lion de Nemée. A la plume,
        sur papier calque. Timbre de la vente.

20 47. Hésiode et la Muse, pendentif de la coupole du
        Palais-Bourbon. A la plume. Encadré.

    48. Aristote décrit les animaux que lui envoie Alexandre,
        pendentif. A la plume. Encadré.

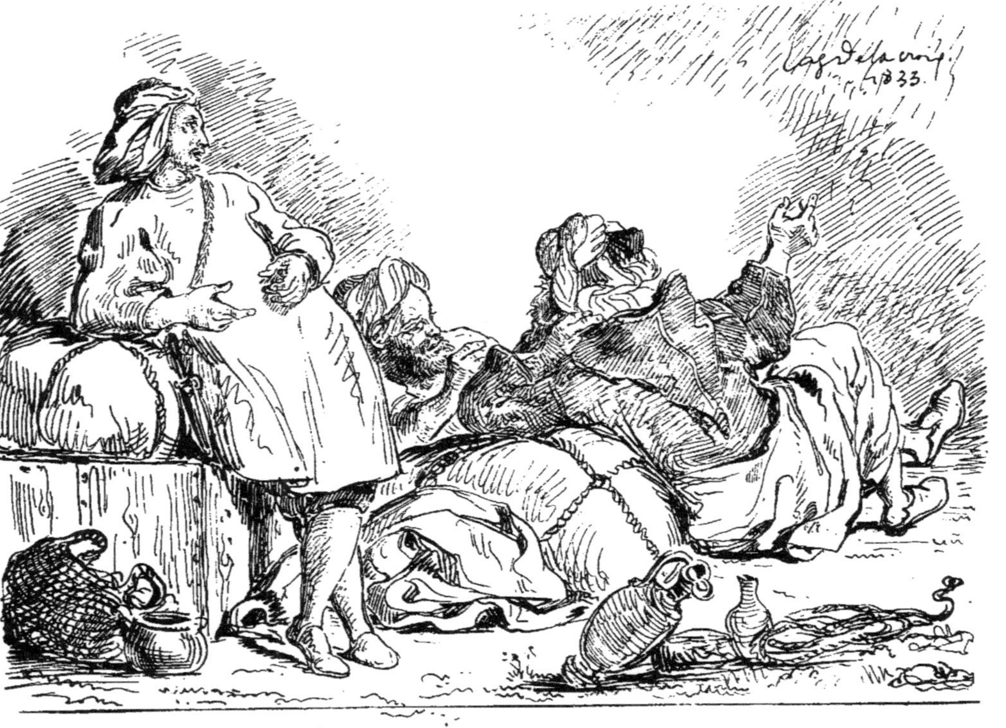

MULETIERS DE TETUAN

Nº 34 du Catalogue.

49. Bacchus couché sous la treille — Mercure — Hercule rapporte le sanglier d'Erymanthe. Trois dessins sur papier calque pour les *Tympans*, du Salon de la Paix. Timbre de la vente.

50. Premières Pensées du Plafond du Palais-Bourbon, 8 dessins à la mine de plomb, sur papier calque. Timbre de la vente.

51. Richard et Wamba, 1ʳᵉ pensée de la lithographie (n° 84). A la mine de plomb. Collection Riesener et Fantin-Latour.

L. 256. P. 194.

52. Figures décoratives. A la plume. Timbre de la vente.

L. 338. H. 222.

53. Feuillets d'album : L'Ange et Tobie (18 fʳ 62) — Figures d'Orient, 7 feuillets. Timbre de la vente.

54. Croquis de Fauves. A la plume.

H. 223. L. 172.

55. Feuille de croquis, chevaux et chiens. Timbre de la vente. Encadré.

56. Figures diverses. A la plume. Recto et verso. Timbre de la vente. Encadré.

57. Figures et objets divers. Croquis recto et verso, avec rehauts d'aquarelle. Timbre de la vente. Encadré.

L. 325. H. 217.

8. Sous ce numéro, il sera vendu six dessins d'animaux, portant le cachet de Delacroix, mais apocryphes.

FROMENTIN (Eugène)

59. Chevaux au dressage. A la plume, sur papier rose. Timbre de la vente.

L. 265. H. 155.

60. Arabe. Crayon noir. Timbre de la vente.

H. 280. L. 250.

61. Cavaliers arabes. A la plume. Timbre de la vente.

H. 295. L. 230.

62. Arabe. Croquis. Timbre de la vente.

SAINT-EVRE (G.)

63. Scène de Quentin Durward. Très belle épreuve sur chine.

DIVERS

64. Sujets divers, vues, fleurs et animaux, 18 aquarelles et estampes japonaises.

65. Sous ce n° il sera vendu diverses estampes anciennes et modernes, photographies, etc.

FRAZIER-SOYE

GRAVEUR-IMPRIMEUR

153-157, RUE MONTMARTRE

PARIS

9 782329 507545